痩せたかったら膣をしめてハンバーグを作ろう!

くびれ母ちゃんの、最強ながらトレーニング

yumicorebody 村田友美子

保護者会中は、
膣をキュッ

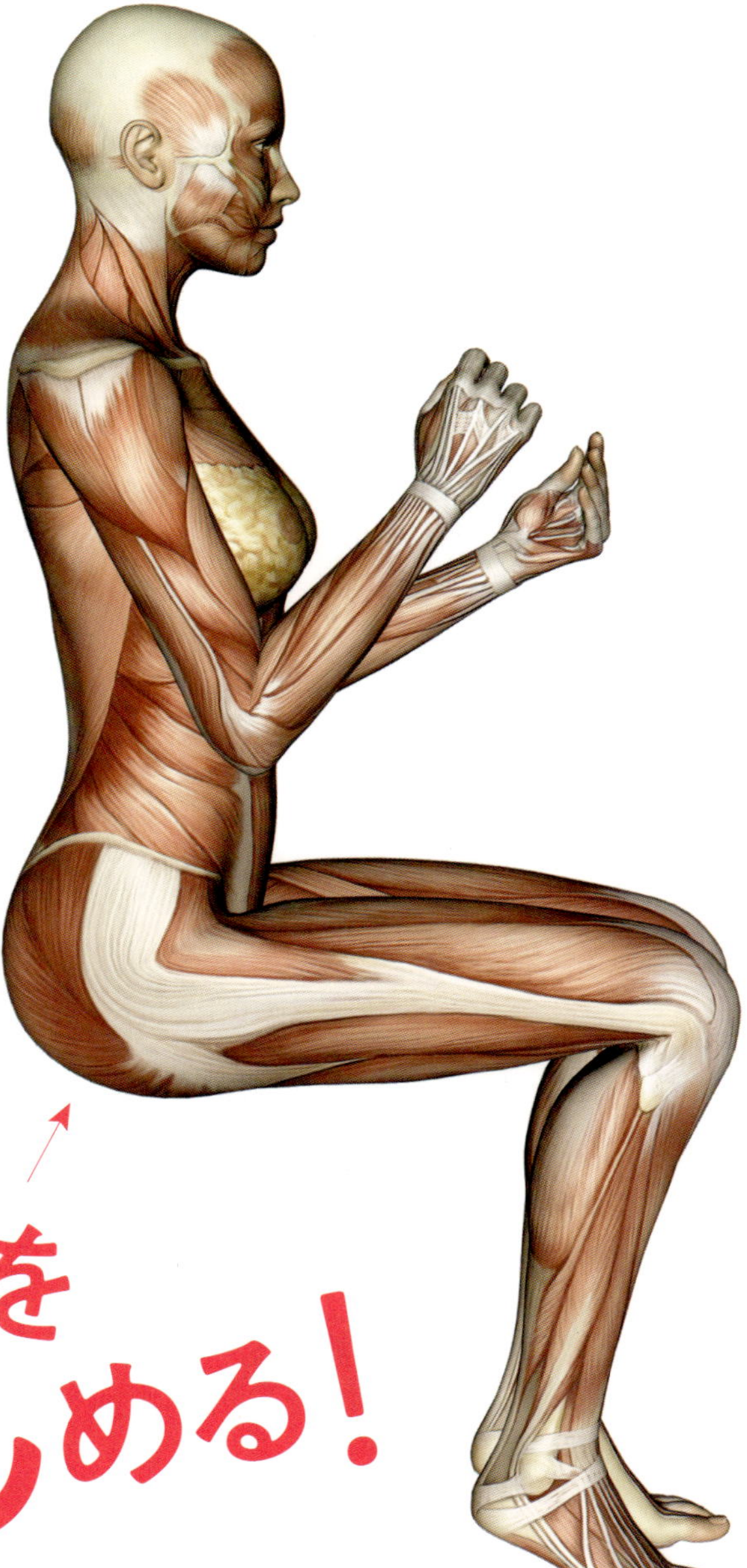

膣をしめる!

自転車は、お尻でこぐ！

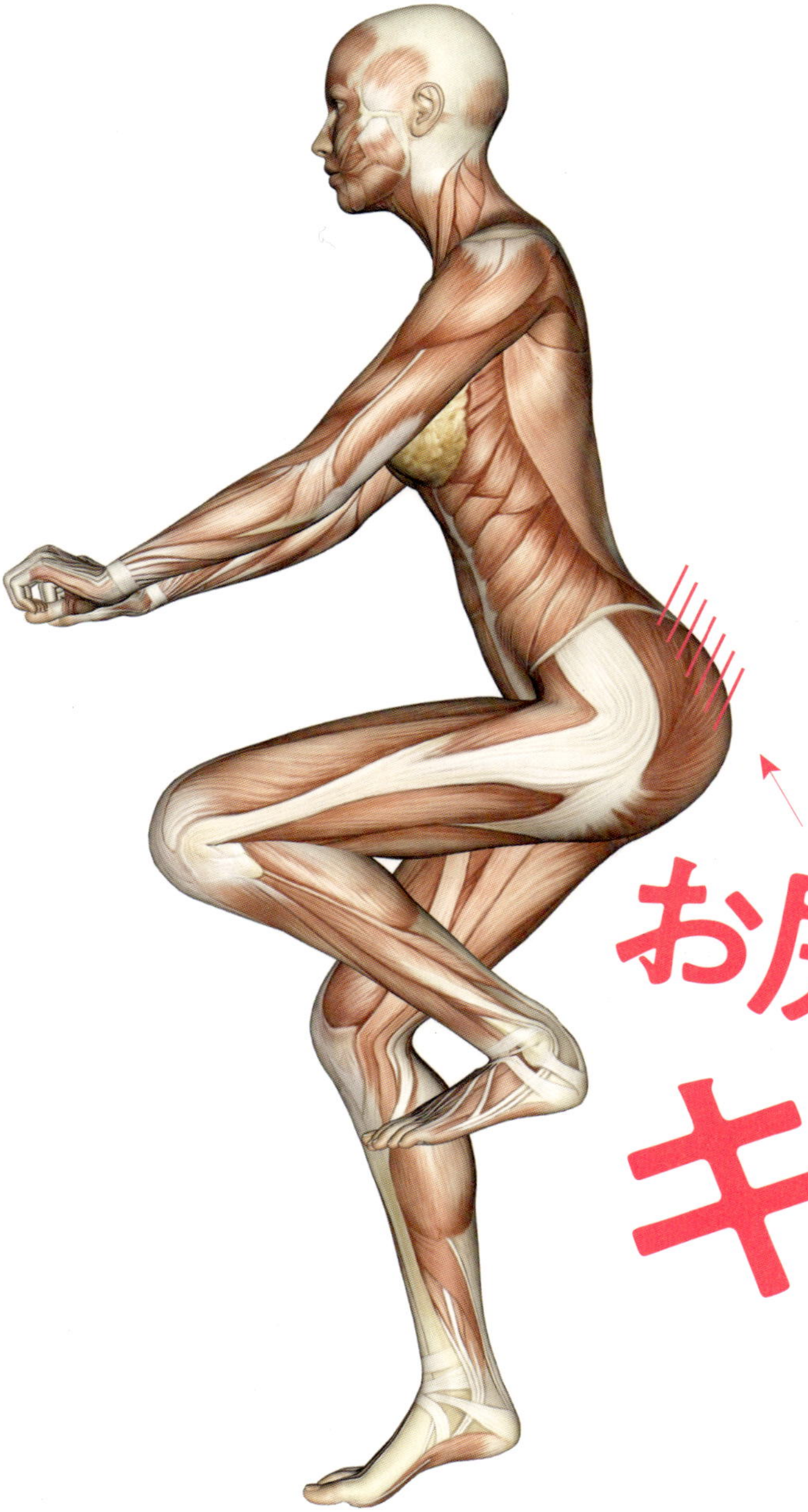

お尻を
キュッ!

ハンバーグ作りは、
膣しめ＋胸式呼吸で
キュッ＋キュッ＋キュッ！

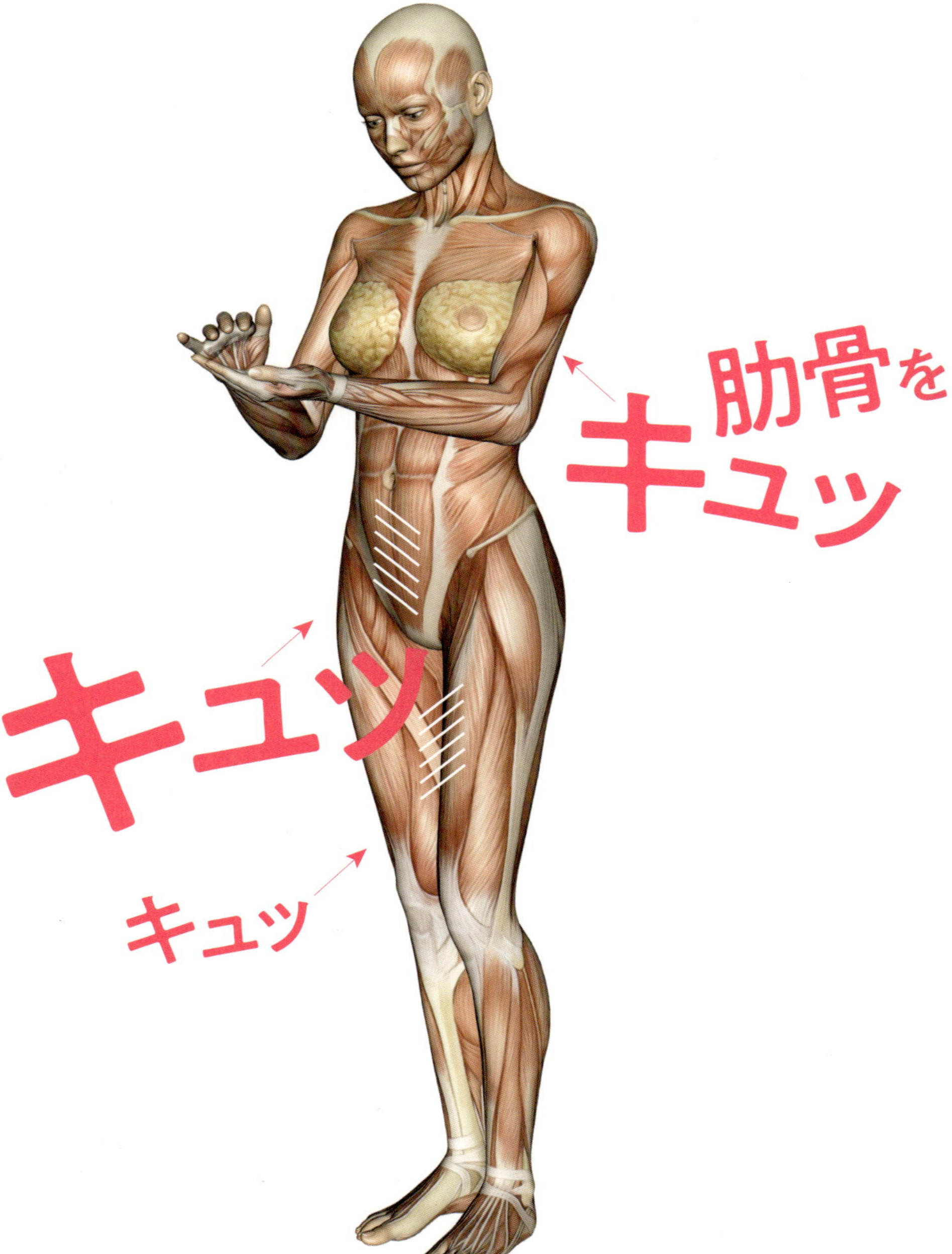
肋骨をキュッ
キュッ
キュッ

ドライヤーは、
ひねって、上げて！

キュッ
キュッ

読み聞かせは、
お尻を上げ続けて！
最後まで！

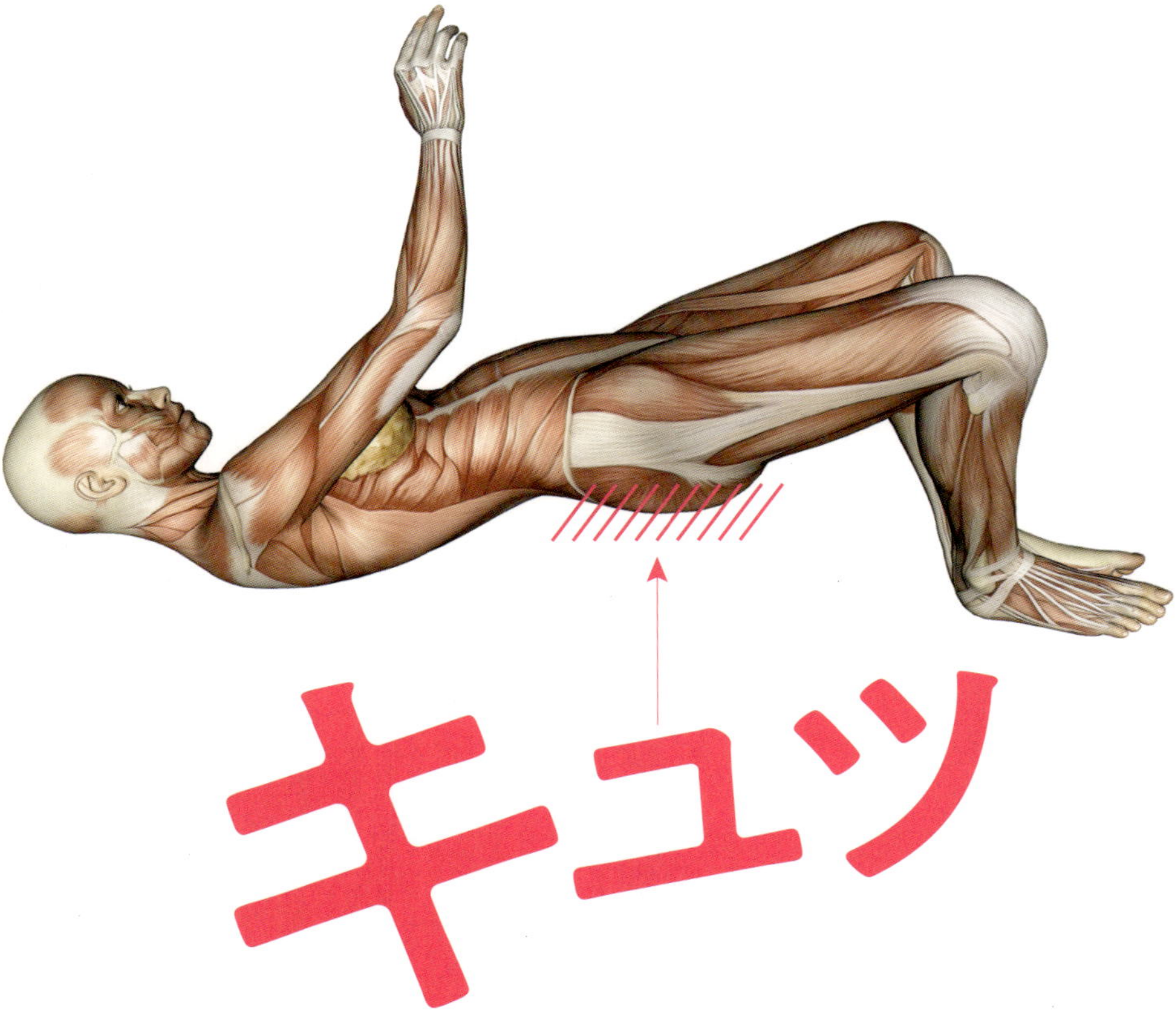
キュッ

トイレの前に、
1、2、3、4、
……8、9、10！

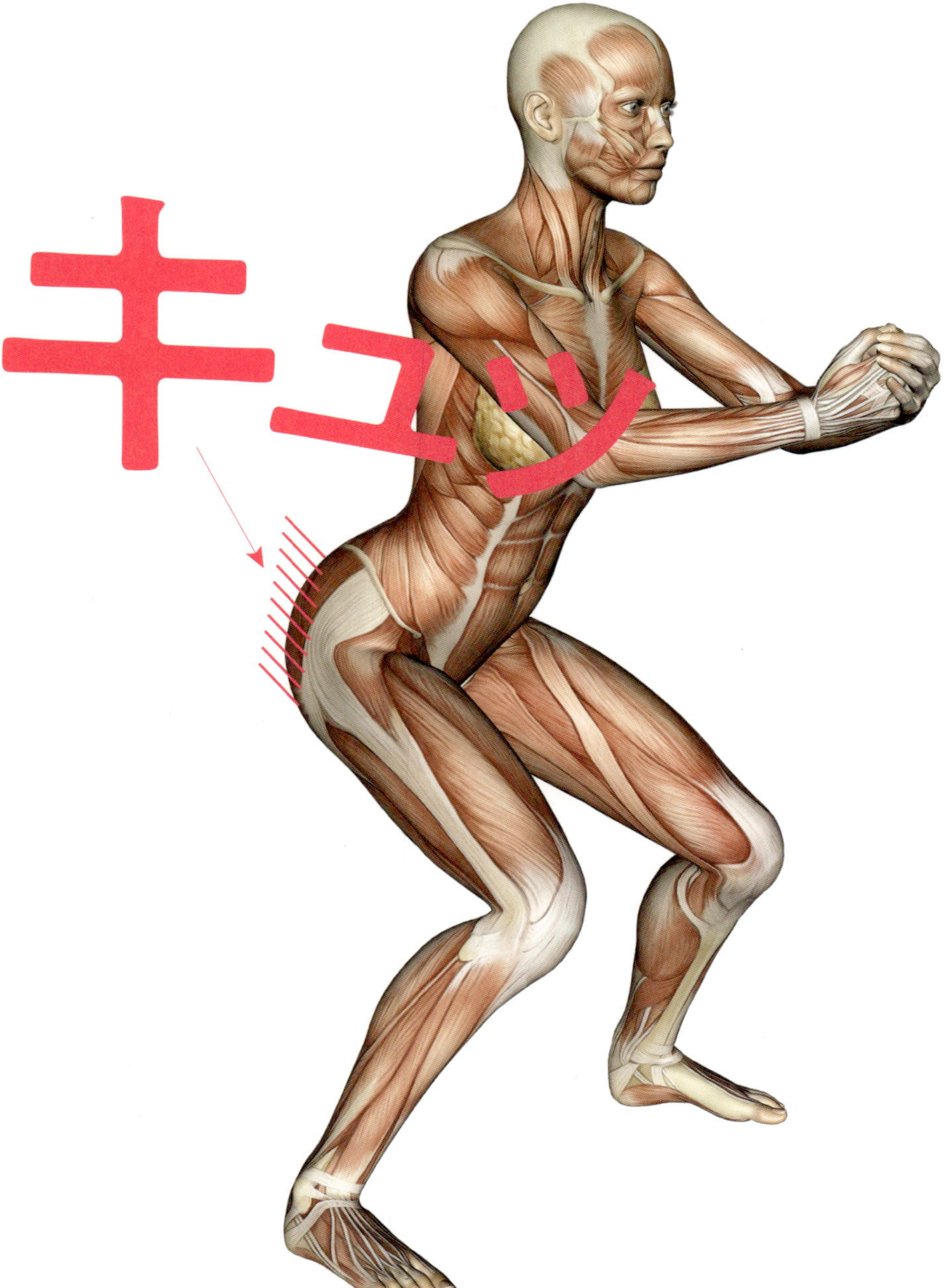
キュッ

プロローグ

思ったより、体は簡単に変えられた！

「くびれ母ちゃんって、誰!?」。まずは、みなさんが当然感じているはずのこの疑問にお答えしますね。著者である私は、現在コア（体幹）トレーニングを基本にしたボディメソッドのクラスを主宰しています。その一方で2男1女を抱える現役の母親でもあり、教室と家庭を行き来する日々を過ごしています。

こう説明するとまるでストイックな人間のようですが、実際の私はむしろ逆。ストイックどころか、昔から大がつくほど運動嫌い。そのうえ面倒くさがりでせっかちなので、すぐに結果が出ないものは一切やらないタイプ。人気のヨガにも興味がなく、フィットネスクラブに足を踏み入れたことさえなかったんです。そのせいもあって、**ほんの5年前まではくびれもなければお尻も垂れ、下半身もパンパン。「もうお母さんだし、別にいっか」と気にも留めていませんでした。**

そんな私が変わるきっかけとなったのは、1日体験コアトレーニング。何気なく参加したレッスンでしたが、ストレッチやトレーニングが何もできなかったのは、なんと私だけ。焦りました。その教室が家から3分のところにあったので、面倒くさがりの私もついに通う気になったんです(笑)。運動不足の解消になればと週1ペースで通い始めたところ、約3カ月でお腹が割れ始めたことに気づいて「何コレ!?」と驚愕。

というのも私、体ってそんなには変わらないものだと思っていたんです。だって、多少体重が落ちても、スタイル自体はたいして変わらないでしょ? 脚は細くならない。そのくせ、ダイエットをやめたらすぐにリバウンド。「どうせ永久には変わらないんだし、やる必要ない」と思い込んでいたんです。

それが、コアトレーニングはちょっとやっただけで体がみるみる変わっていく。しかも、特別な器具や環境は必要ナシ。自重(自分の体重)を使ってどこでも手軽にできるんです。「こんなに簡単に、これだけ効果が出るなんて！」と感動した私は、世の中にこの方法をもっと広めたいと思うように。

実際にトレーナーになった後は、指導をしながらより効果的な方法を模索。あれこれ試行錯誤した結果、お尻トレーニングや整体、呼吸法などさまざまな要素を組み合わせた現在のメソッドに辿り着きました。

私のメソッドは、ただやみくもに鍛えたり、細くしたりするものではありません。痩せたい人は引きしめ、痩せすぎている人は筋肉をつけて、ごつごつとした男性のような筋肉ではなく、女性らしいくびれを描く曲線ボディへと近づけるもの。みんなが自分のベストな状態になれて、しかもそれをキープできる。せっかちで面倒くさがりやでも最短で効果が得られる、そんな内容になっています。努力が嫌いで1ミリもストイックじゃない私でもできたし、思ったよりもずっと簡単に体は変えられた。そして、

ここ2年間はトレーニングや食事制限は一切していないのに、日常の中の〝ながらトレーニング〟だけで体形をずっと維持できています。

世の中にたくさんメソッドがある中で、この方法をおすすめしたい理由はま

さにそこ！　生活の中で鍛えたい筋肉が使えるようになり、食べても太らない骨格に変えるんです。

この本でご紹介するのは、そのメソッドの基本にして核心部分。教室では〝ドＳ先生〟なんて呼ばれるくらいビシビシ指導している私ですが、それも体形が変わってほしいと思う愛ゆえ（笑）。でも、ここではドＳ部分をしばし封印。私のような運動ギライでも「これならやってみようかな」と思えるような、くびれに効くごくシンプルな内容を厳選しています。生活の中で習慣的に取り入れられる最強の〝ながらトレーニング〟になっているので、仕事が忙しい方や子育て中のママもまずは３カ月間、

だまされたと思って試してみてください。絶対に、体は変わるから！

Index

CHAPTER

1

トレーニングを始める前に

「ゆがんでいるから太るんです」

「たいして食べていないのに太りやすくて……」

「運動しても痩せにくくなった」

私の教室でもこういう声をよく聞きます。ダイエットというと食事や運動に注目しがちですが、実はそれ以前のところに太る原因が隠れていることも。もちろん体質や生活習慣などいろんな要因が関係しているけれど、いちばん大きい原因は姿勢！　日常での無意識な体のクセや習慣の積み重ねが体のゆがみを生み、脂肪を増やしやすくしています。

と言っても、姿勢の話ってスタイルやダイエットに直接関連していないように思いますよね。

「姿勢なんてどうでもいいから、とにかく体をしめたいんですけど！」

という気持ち、よくわかります。私も以前はそう思ってましたから(笑)。

私が姿勢の重要性を理解したのは、整体を学んでから。実は、もともと自分のクラスを始めたばかりの頃は、腹筋やお尻をがんがん鍛えるアウタートレーニングが中心でした。ところが同じように指導をしても、人によって体の反応が違うことに気づいたんです。どうしても体が変わらない人もいれば、使いたい筋肉を動かせない人、中には体を痛めてしまう人までいる。そんなこともあって、体をより深く学ぶために整体の資格を取ることにしたんです。

整体を学んでいる時に先生が何度も繰り返し語っていたのが、「正しい姿勢を維持することが大切」という内容。最初は「はぁ？　姿勢!?」なんて思っていた私も、学べば学ぶほど深く納得。半年後には「姿勢が大事です！」と自分の生徒さんにドヤ顔で語ってました(笑)。今では、ちゃっかり自分の肩書を〝姿勢改善コアトレーナー〟とするほど、姿勢を重視しています。

姿勢、姿勢と私が口を酸っぱくして言う理由。それは、

ゆがんだままトレーニングをすると効果が半減し、遠回りになる。そして姿勢は24時間、３６５日つきまとうもの

だから。体がゆがんでいると生活の中で使いたい筋肉の可動域が狭くなり、自分の体のクセで優位になっている筋肉が自然と働いてしまうんです。

例えば、お尻を鍛えるスクワット。ヒールで過ごすことが多い女性は、前重心になっている人がほとんど。この状態のクセがついてしまうと、前ももの筋

肉が優位になりやすくなります。正しい姿勢でスクワットをした場合にお尻と前ももが９：１の割合で鍛えられるとしたら、ゆがみがあるとその割合は５：５や４：６に。それだと、ただでさえ太い前ももに筋肉がついてさらに太くなり、また前ももを生活でフルに活用しだしてしまうんです。

同じように、ゆがんだまま腹筋をしたら腰を痛めてしまうし、肩が丸まったまま腕の筋肉をつけると首肩回りが大きく見えてしまう。運動をするほど理想とかけ離れちゃうなんて、もったいないと思いませんか？

なので、せっかちな私はゆがみを無視してトレーニングする人を見るとつい

「なんでゆがんだままやるの？　ムダに鍛えるなんて労力と時間のムダ!!」

と言いたくなります。言葉はキツいけれど、体のことを考えるとこれが真実。週２時間のジムトレより、毎日の姿勢を整えることを重視してほしいのです。

年々傾いていくピサの斜塔のように、日常の動きや姿勢でどんどんゆがみはひどくなっていきます。痩せたいと思うなら、まずはゆがみを取ること。これは私のメソッドに限らず、すべてのダイエットやトレーニングの鉄則です！

痩せたいなら「ほぐし7割、筋トレ3割」

前章で「ゆがみを取ることが大切」としつこく言ったけれど、そのために必要なのが〝ほぐし〟のプロセス。今話題の〝筋膜リリース〟です。筋膜とは、筋肉を包み込む膜のこと。悪い姿勢などが原因で筋膜の繊維がこんがらがって固まってしまうと、体のクセやゆがみにつながります。そして全身の筋膜はつながっているので、どこかがこんがらがると、そこに引っ張られるような形で他の筋肉の働きが悪くなるんです。このこわばった筋膜をしなやかな状態に戻すために、癒着した繊維をときほぐすのが筋膜リリース。深層にある筋膜に、しっかり圧をかけて押し伸ばしながら、ほぐしていきます。

私のクラスは1レッスン1時間45分で、そのうち1時間以上がほぐしとストレッチ。とにかくほぐして、ほぐして、ほぐしまくります

生徒さんも最初は「体を鍛えに来たのに……？」と驚くのですが、実際にやってみると、「ほぐすだけでこんなに体が変わるんだ！」と別の驚きに変わるほど効果あり。使っているのは、ポール状のローラーや硬めのボール。まずはローラーで前もも、ふくらはぎ、脇の下、骨盤上にある大きな筋膜をじっくりほぐし、その後ボールを使ってもものつけ根、お尻、腰、鎖骨下などにある〝トリガーポイント（筋肉の中にあるコリ）〟にそれぞれ90秒ほど当てていきます。

説明のためにさらっと言ったけれど、実はこれがとにかく痛い！　ローラーやボールをコリの下に入れて体重を乗せ、深層まで届くよう圧をかけてほぐすのですが、レッスン中はあちこちから「ウ～ッ」と呻き声がするほど（笑）。

中でもお尻やもものつけ根あたりは、ビリビリとしびれを感じる人が多く、それだけこわばった筋肉は可動域が特に狭くなっています。

こわばった状態で何十分も筋トレするより、しっかりときほぐしてから5分トレーニングする方がずっと効く

だから、どんなに痛がっても、ほぐしのプロセスは手加減しません（笑）。念入りにほぐしてゆるゆるになったところで、ストレッチで筋肉の柔軟性を後押し。そこまでやってようやく、つけたい筋肉を鍛えるボディメイクのトレーニングをします。一見遠回りに思えるけれど、トレーニングの効果がアップ。つまり、結局は早く効果を出すための近道なんです。

もし家での〝ながら〟もじっくり時間が取れないのなら、筋トレより、ほぐ

しを優先すべき。普段からほぐしを取り入れることで、クセがつきにくくなるんです。私はカフェでおしゃべりしているときも鎖骨下の筋肉を3本指でグリグリしたり、前ももを握りこぶしで押し伸ばしたりしています。表面をさするぐらいじゃダメですよ！　イメージは、

ピザ生地を伸ばすように、筋膜に圧をかけながら、グーッと。

わざわざそのためだけの時間を作らなくてもOK。気づいた時に取り入れ、ほぐしを日常的な習慣にしましょう。なぜなら、人は急には太りません。毎日の習慣の積み重ねで太るのだから、痩せるにも毎日の習慣が必要なんです。ローラーを持ち運ぶのは難しくても、ボールならお尻の下や椅子の背もたれとの間に置いて、ゴロゴロほぐすこともできるはず。テレビ中や洗濯物をたたむ時などの〝～ながら〟でいいので、痛みを感じるところを中心にほぐしてみて。ゆがみ、肩こりや腰痛の原因がほぐれて体もラクになってきます。

痛いけれど気持ちがいいから、むしろ毎日やらずにはいられないはず！

CHAPTER

2

今すぐできる、くびれトレーニング実践編

adidas

「くびれたいなら、まず、すき間を作って！」

インナー筋肉を
鍛えた、
すき間のあるお腹

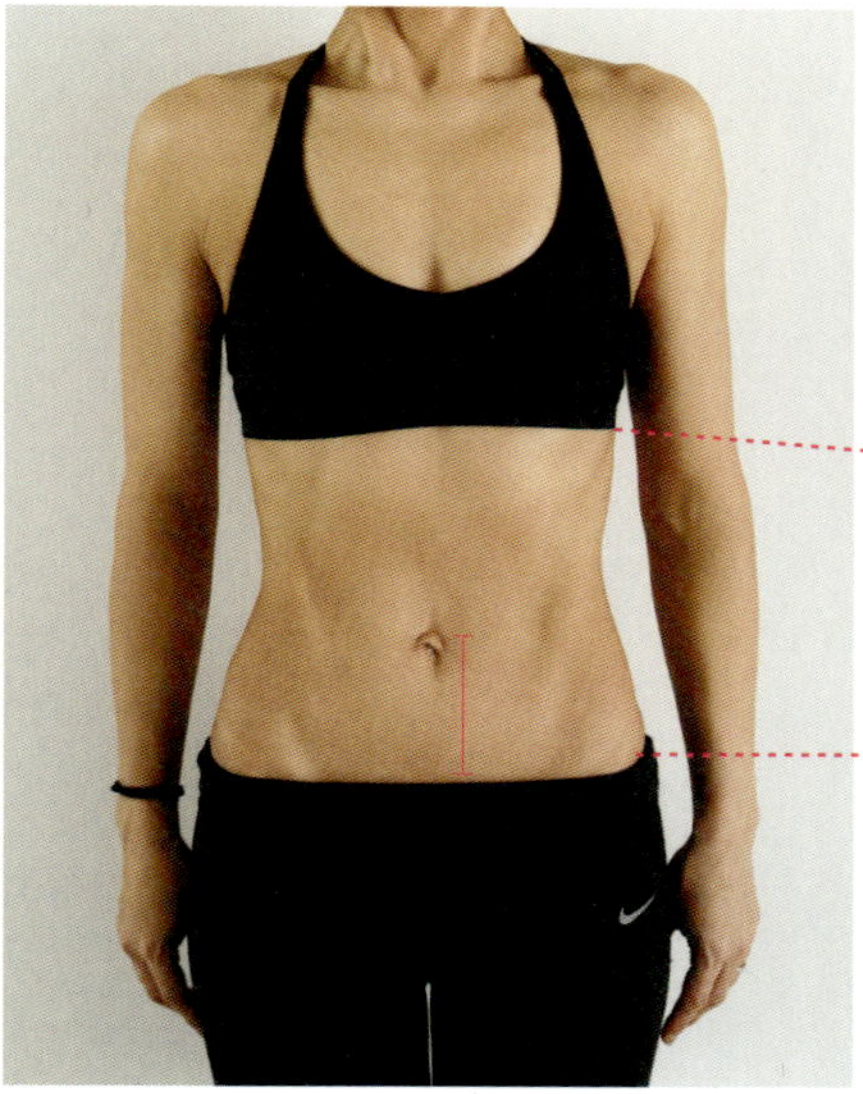

アウター筋肉を
鍛えた、
すき間のないお腹

肋骨と骨盤の距離は
鍛え方や姿勢でこんなに変わる！

腹斜筋、腹直筋、腰の筋肉などのアウターマッスルが固まってしまうと、筋肉を縮めてしまい、姿勢を悪くしてしまうことがあります。肋骨と骨盤の距離、おへその位置からも、かなり詰まっていることがわかります。

ここからは〝くびれ母ちゃん〟の本領発揮。簡単にくびれて太りにくい体になる、3ステップの最強ながらメソッドを紹介します。ウエストのトレーニングというと腹筋のイメージが強いけれど、腹筋を鍛えることで逆にくびれにくくなることも。**だって、**

バキバキに割れたシックスパックでくびれている人、いないでしょ？

私は女性の曲線美に魅力を感じるので、メソッドの中にハードな腹筋トレーニングは入れません。なだらかなカーブを描くウエストのために必要なのは、筋肉よりもスペース。肋骨と骨盤の距離を長くして、

くびれが入るすき間を作ることが重要なんです。

実はこのすき間を潰しているのが筋肉の存在で、特に鍛えていないのにお腹がガチガチでくびれるスペースがない人も多いんですよね。というのも、筋肉には体の表面にあるアウターマッスルと深層にあるインナーマッスルがあり、腹筋で鍛えるアウターの筋肉は日常でもよく使われているんです。例えば、背

中を丸めて座っている時。お腹が縮んでいる時点で筋肉を使っていて、縮んだまま立ったり歩いたりすることでさらにアウターが働きます。アウターマッスルには縮める働きがあるので、お腹の筋肉が使われるほどに肋骨と骨盤の間が詰まっていってしまうのです。

そこで、くびれる最初のステップは、縮んでガチガチになったアウターマッスルを緩め、肋骨と骨盤の間にすき間を作ることから始めます。ウエストをもみほぐして筋膜のこわばりをほどき、肋骨から骨盤にかけてついている

腹斜筋や腹直筋を、ストレッチでしっかり伸ばしていくのです。

次のページでは、具体的なストレッチ方法を2つご紹介しますが、日常の動作には同じ効果が得られる動きがたくさんあります。普段からこまめに取り入れて脇腹を伸ばせば、くびれのスペースが生まれ、肋骨の可動域も広がります。肋骨の可動域が広がると基礎代謝が上がるうえ、ウエストが細くなる効果も。とにかく伸ばして損はないから、隙あらばストレッチを心がけて！

くびれるすき間を作る、腹斜筋ストレッチ

Exercise

効いている場所が同じように見えますが、1は肋骨と骨盤の間を、2は腹斜筋という斜めに入った筋肉を伸ばしてすき間を作る、最強の組み合わせです。

1

Exercise

1 骨盤が床と垂直になるようにあぐらをかき、腕を上げる。

2 左のお尻をつけたまま、右ひじを床につけ、肋骨と骨盤の間を伸ばす。

3 ゆっくりと深い呼吸を5回したら体を起こし、逆サイドも同様に。

Exercise 2

Point　体をひねる際、肩が床から浮かないようにすること。

① 仰向けで横になり、両手を頭の下に。

② 足を組み、上の膝を床に近づけるように体をひねる。上半身は逆向きにねじる。

③ 腹斜筋が伸びていることを意識し、深い呼吸をゆっくり5回する。反対側も同様に行う。

「寝ても覚めても膣をしめよ！」

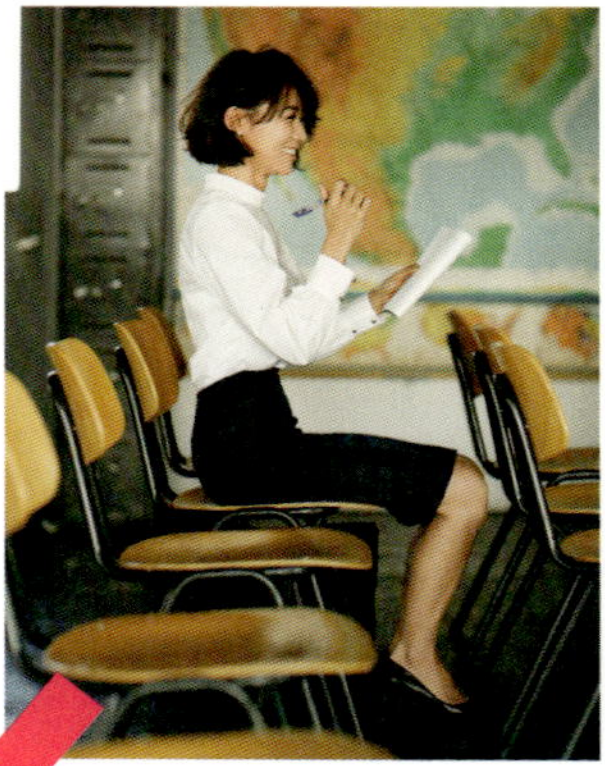

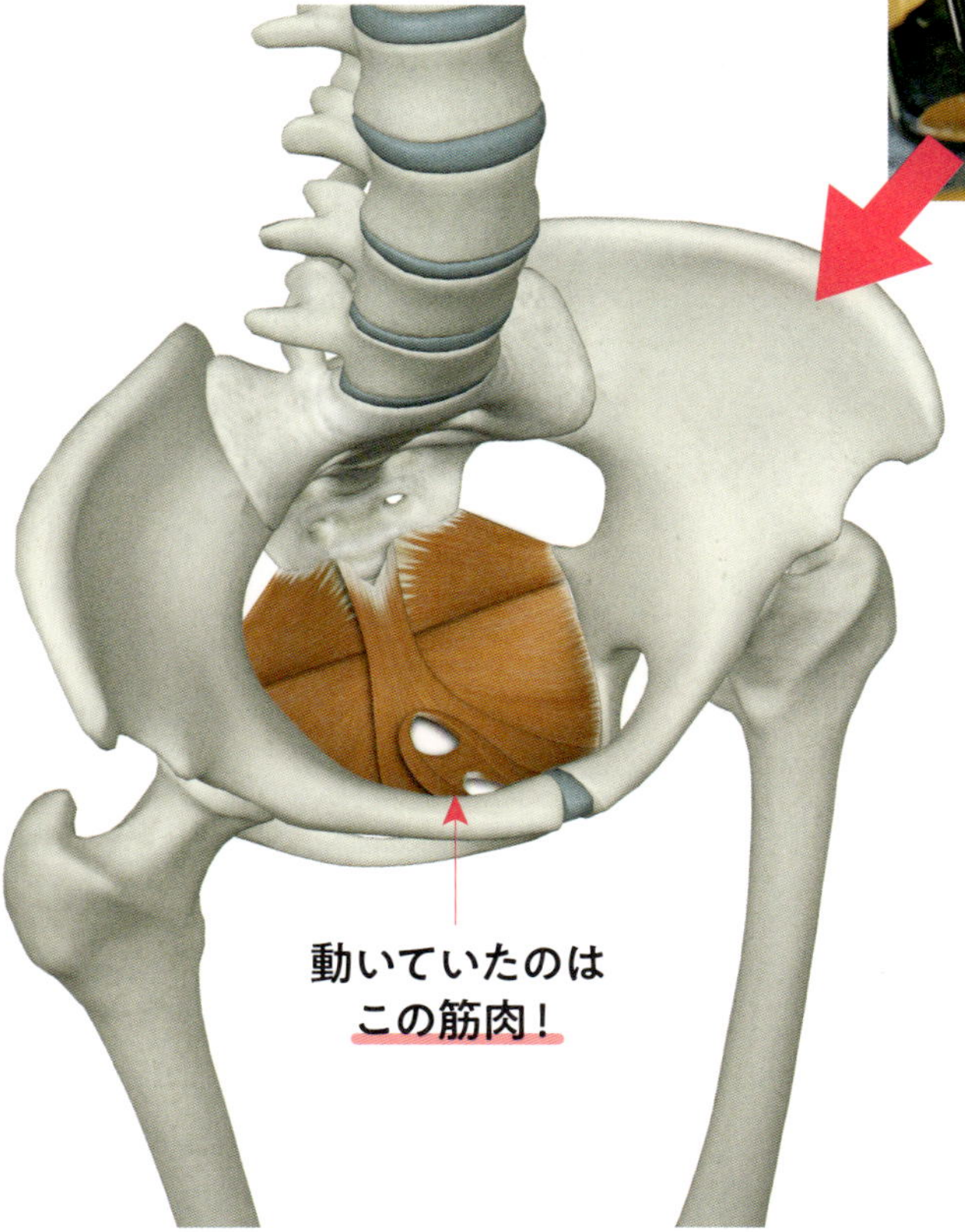

膣をしめるということは、
膣の奥にある、筋肉を動かすということ！

人知れずこっそり膣をしめるだけで、長時間座りっぱなしの保護者会もトレーニングタイムに早変わり。座っていても、立っていても、寝転がっていても、何かのトレーニング中もいつだってできる究極のながらトレーニングです。

くびれるスペースができたら、次はコアを使って内側から鍛えていきます。コアの定義は教える人によってさまざまですが、私の場合は、膣の底にある骨盤底筋、天然のコルセットと言われる腹横筋、背骨についている多裂筋、呼吸をする時に動く横隔膜の4つをまとめて〝コアハウス〟と呼んでいます。コアハウスはインナーマッスルの一部で、どれも単体では働かず、全部連動して動くのが特徴。つまり、

ひとつのトレーニングで4つの筋肉を同時に鍛えられるんです。

それってすごくお得でしょ？　トレーニング方法もごく簡単。膣をグーッと内側に吸い込むように引き上げるだけ。膣を引き上げた状態をここでは〝しめる〟と表現しますが、骨盤底筋を動かして膣をしめることで、コアハウス全体が始動。インナーマッスルは重力に逆らって縦に伸びる働きをするので、内臓の位置が持ち上がって下っ腹がスッキリ。筋肉と重力で潰れていたウエストも縦に伸び、さらにくびれやすい体になっていくんです。私は便秘も解消されました。

また、背骨周りにある多裂筋の働きで骨が安定することで、姿勢が良くなる

効果も。姿勢のゆがみが太る原因であることは、前に言いましたよね。この膣をしめるトレーニングを続けてコアハウスが鍛えられてくると、正しい姿勢が自然に保持できるようになるので余計な筋肉を使わなくなります。つまり、

膣を締め続けていれば、ゆがみの原因もなくなるってこと。

痩せるだけじゃなく、太りにくい体になる。そこが本当に凄いんです！　そして特別な器具が必要ないので、思いついたらどこでもできる点もいいところ。座っている時、歩いている時……、日常のどんな場面でもできるし、保護者会のように静かな場でもこっそりトレーニングできるというわけ。

常に膣をしめながら生活することで、体がどんどん変わることを実感するはず。私は3カ月でお腹が割れたし、しばらくレッスンを休んだ生徒さんも、家で膣しめを続けたら、くびれをキープできたそう。簡単なのにちゃんと形になって表れるから、運動嫌いでも絶対にハマります。

次のページを参考に、今この瞬間から膣をしめて！

Step 1

まずは、腹斜筋をストレッチ

腹斜筋や横隔膜を緩めます。

P.36と同じ

Step 2

お尻の穴を前に向けるイメージで座る

背筋を伸ばそうと意識すると、反り腰になりがち。骨盤をやや後傾させる感覚で肛門を前に向けるように座ると正しい姿勢に。猫背や反り腰になると、膣はしまらないので要注意！

Point　正しい姿勢というと反り腰になりがち。丸いぐらいの感覚が実は正しい姿勢。

3 Step

おしっこを途中で止めて巻き戻す！

膣を引き上げる感覚は、おしっこを途中で止め、巻き戻すような感じ。肛門までしめると別の筋肉が働いてしまうので×。膣だけがしまるように意識して。

4 Step

膣で椅子ごと吸い込んでキープ！

座っている椅子を巻き込んで引き上げる、みたいなイメージです。出産経験がある方、いきむのとは真逆なので要注意！ お腹はおへその下を腰骨につけるように前面だけへこませるのがポイント。写真のようにおへその位置も一段高くなります。

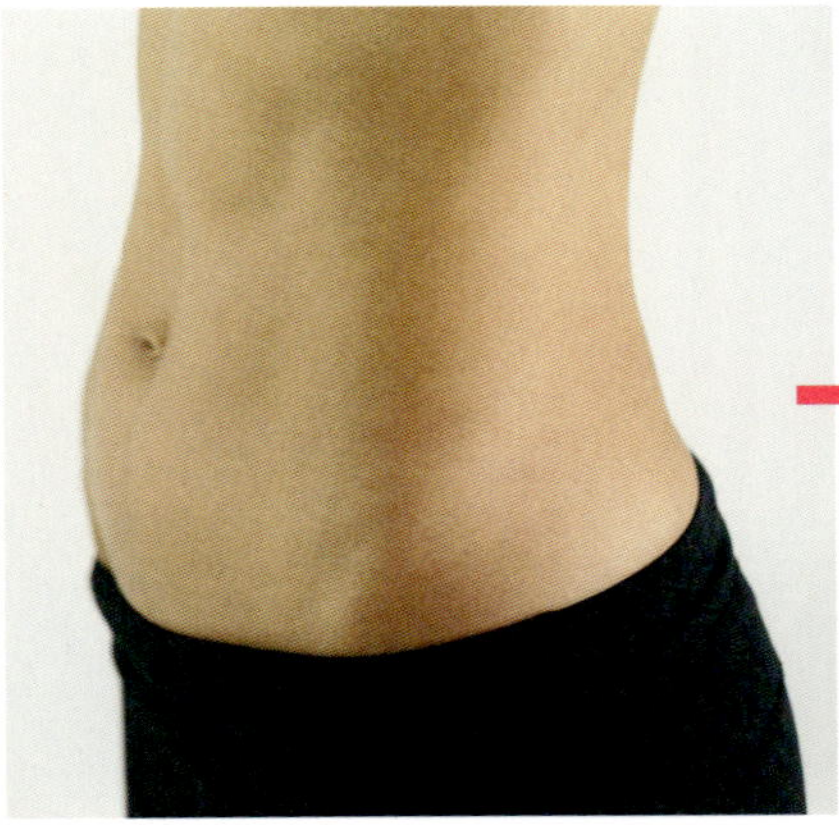

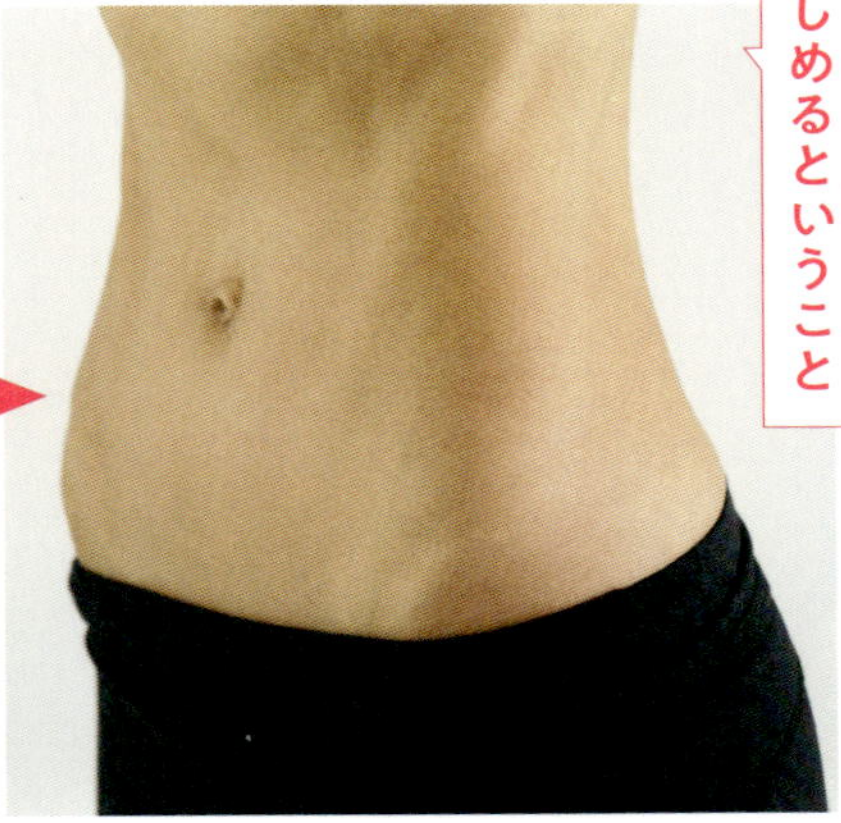

これが膣をしめるということ

Point 右が膣を引き上げたお腹。左右の腰骨の内側の筋肉がモリッと動きます。

「肋骨を閉めきれば、勝手にくびれる！」

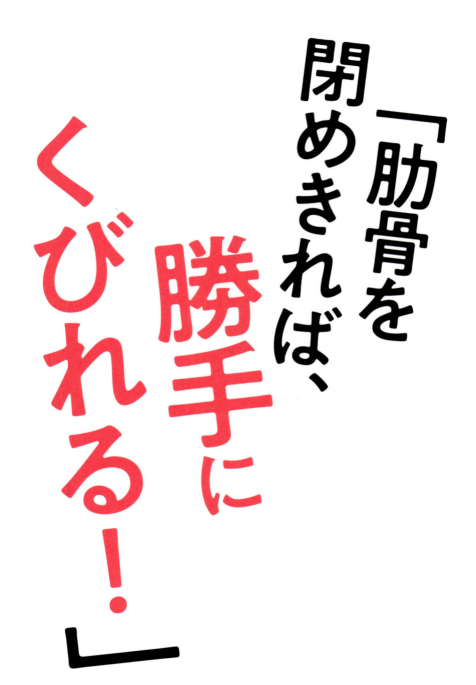

息を吸って
肋骨が
開いた時

息を吐いて
肋骨が
閉まった時

一人時間なら、
膣しめ＋胸式呼吸で肋骨を動かして！

膣をしめると、呼吸は自然と胸式になります。深い呼吸をするとこれぐらい、肋骨は動くんです。深い呼吸は会話中は不向きだけれど、家事中など一人でいる時なら問題ナシ。太ももの間にペットボトルを挟みながら行えば、膣もしまりやすく、内転筋（＝内もも）のトレーニングもできて一石三鳥！

最終ステップのカギを握るのは肋骨。「ウエストじゃないの？」と思うかもしれないけれど、実はウエストの細さって肋骨で決まるんです。肋骨は呼吸で開閉し、息を吐ききって肋骨がもっとも閉まった状態がウエストの細さの限界値。つまり、肋骨が閉まれば閉まるほど勝手にくびれていくわけ。

膣をしめて息を吸うと自然と胸式呼吸になり、肋骨が大きく動きます。

膣がしまっていることが大前提ですよ！

そして、吸った倍の時間をかけて、息を吐ききります。鼻から吸って口から出すのが、この呼吸法の基本。吐ききった分だけ肋骨は閉まるので、吐ききることが大切です。その吐ききった状態を数秒間でもキープさせるとさらに効果はアップ。呼吸するたびでは大変なので、信号待ちや車の中、キッチンなど、一人の空間や余裕があるタイミングでＯＫです。

この呼吸は、肋骨が大きく動くようになるだけでなく、コアハウスに含まれる腹横筋が天然のコルセットのようにお腹を引きしめる働きも。つまり「肋骨が閉まる＋腹横筋が働く＝最高のくびれ」が生まれるということ。肋骨周りの筋肉が固まっている人、猫背や反り腰で姿勢が悪い人の肋骨は動きにくいので、腹斜筋ストレッチをして筋肉をほぐしてから呼吸すると効果的です。

1日の呼吸数は約2万回。膣しめ+胸式呼吸だけで肋骨もコアハウスも相当な量のトレーニングをしたことになる。

肋骨がしっかり動くようになると横隔膜や内臓の動きも大きくなり、呼吸が深くなって基礎代謝もアップ。くびれていくのと同時に、自然と痩せやすい体質になっていくんです。実際私もこの呼吸法をメインにしただけで、ウエストとアンダーバストが4カ月でそれぞれなんとマイナス約10㎝。もはや

「私のくびれは、呼吸で作られている」

と言っても過言ではない！　毎日の呼吸は体を変える。まさに、究極の〝ながらトレーニング〟なんです。

くびれる呼吸
Exercise

鼻から
吸って！

口から
ゆっくり吐いて

Step 1

ハイ、
膣をしめて！

膣を内側に吸い込むように
引き上げ、そのまま
おへその下をへこませて
内臓を持ち上げて。

Step 2

鼻から息を
大きく吸い込んで、
肋骨を開く

肋骨が大きく開く
ことを意識して。

Step 3

口からふーっと、
吸い込む時間の
倍かけて、
ゆっくり吐いて

タオルが徐々に
動くのを感じて。

Point スポーツタオルを巻いて行うと、肋骨の動きが伝わってきます。
息を吐くのに合わせてタオルを引いていくと、肋骨が閉まった状態を目で確認できます。

吐ききって、
一番細い肋骨に！

Step 5

肋骨が閉まりきったら、10秒キープ！

Step 4

もっと吐いて、体の中の空気を吐ききって！

力むとアウターの
筋肉が働くので、
肋骨を下ろす
イメージで
自然に閉めること。

くびれが止まらなくなる、3つの金言をおさらい

一、「くびれたいなら、まず、すき間！」

肋骨から骨盤の間にくびれが入るスペースがないと、メリハリのないウエストに。この距離を潰す原因をほぐしとストレッチでしっかり緩めて。

二、「寝ても覚めても膣をしめて！」

膣をしめる＝膣を引き上げることで、4つのインナーマッスルが同時に働き、下腹解消や姿勢補正などの効果が。常に締め続けて太らない体を目指して。

三、「息を吐ききれば、勝手にくびれる！」

ウエストの細さを決めるのは肋骨。息を吐ききる＝肋骨が閉まれば閉まるほど、くびれもUPします。1日2万回の呼吸が最高のトレーニングに！

さらに……

「お尻を鍛えれば もっと くびれて見える！」

CHAPTER

3

日常は、ながらトレーニングにあふれている

「膣をしめながら
生活しながら
もう
1トレーニング」

いつでもどこでもできる膣しめは、〝ながらトレーニング〟のいわばベース。膣をしめた状態で、どれだけほぐしや筋トレを日常に盛り込むかが、よりスピーディにくびれを手に入れるカギに。

ほぐす、伸ばす、筋トレの順番は理想ではあるけれど、その通りじゃなくてもいいから、その時にできることをどんどんやる！　私も普段から意識し続けています。

「だって、普通に生活するだけなんて、もったいなさすぎる！」

ここから先は、ボディメイクに効果的な膣しめ＋筋トレの組み合わせを紹介します。冒頭に登場したドライヤーをかける動きや自転車に乗る動きが、どんなトレーニングに匹敵しているのかも解説しますね。

わざわざ時間を作らなくても、日常の中にはトレーニングがあふれています。くびれ作りに欠かせない、お尻とお腹に効く〝ながら筋トレ〟を日頃の習慣として、ちょいちょい盛り込んでいきましょう！

ウエストに効く ながらトレーニング

Exercise

意識的にひねれば、わき腹はキュッと引きしまる

この動きは、腹斜筋を鍛えるエクササイズと同じこと。脇腹がキュッと引きしまっていきます。PCを打つ時、あえて画面に向かって横向きに座り、上半身だけひねるなど、工夫次第でどんどん取り入れられます！

1. 膣をしめる。
2. 足を交差。
3. 骨盤を動かさず、反対側に上半身をねじることが腹斜筋に効かせるコツ！
4. 腕を高く上げれば、わき腹のストレッチもでき一石二鳥！

ただスマホを見るだけだって、正しい姿勢ならコアトレです

日常、誰でもする動作だからぜひ知ってもらいたい！ 頸椎を後ろに引いた状態で正しい姿勢をキープすると、背骨が整い膣もしまりやすくなるので、痩せやすい体になります。

① 背筋を伸ばす。

② 顎の下に柔らかい桃をそっと挟んだ状態をイメージして顎を引く。

③ 首を後ろにスライドさせて。耳と肩の位置が床と垂直になればOK。

① 骨盤を後傾させてひざを軽く曲げる。

② 息を吐きながら肋骨を閉める。

③ 組んだ両手を左右にゆっくり振りながら、上半身をひねる。

Point

腕をまっすぐに伸ばし、両ひざをつけること。手の上げ下げに応じて、効く位置も上下します。

「もっとくびれるためには、お尻も鍛えよ！」

お腹と同様に重要なのが、お尻のトレーニング。と言っても、小さくするのが目的じゃありません。ここでの狙いは、ボリュームを出すこと。一般的に言われているのは

「ヒップとウエストの差が30㎝以上だと最高の曲線美」。

ウエストとの差が広がるほど、よりくびれて見えます。つまり筋肉を鍛えてお尻が大きくなるほど、より女性らしい体になるっていうこと。

ただし、単に大きいだけではダメですよ。キュッと上がったお尻が理想なので、お尻の中でも上部(＝大殿筋上部)を鍛える必要があります。だから私のレッスンのメニューには、ヒップトレーニングが多め。お尻が1㎝上がると、脚が3㎝長く見える効果もあります。お尻は一度下がってしまったらアウト、なんて思わなくて大丈夫。次からは鍛えるのが難しいと言われる大殿筋上部にもしっかり働く〝ヒップスクワット〟に匹敵する〝ながら〟も紹介します。

お尻は、70代でも鍛えれば必ず上がるパーツです！

ヒップに効く ながらトレーニング❶

Exercise

自転車は、ぐっとお尻を突き出してこぐ！ 前ももが疲れるのはNG

もものつけ根の股関節に１万円札を挟んだとイメージし、それを落とさないようにお尻を動かせばOK。ひざが外側に向くように自転車をこぐことで、大殿筋上部と一緒に太もも内側の内転筋を鍛えることもできます。

1. 膣をしめながらサドルにまたがる。
2. お尻の穴を後ろに見せるイメージでグッと突き出す。
3. 重心はかかとに。

Point　つま先でこぐと、前ももに効いて脚がより太くなってしまうので注意。

トイレ前はヒップスクワットを最高に効かせるチャンス！

排尿を我慢している状態は、膣が上手にしまりやすい時。便座に座る直前、スクワットを素早く10回。トイレに行くたびに繰り返せばかなりのトレーニング量。トイレでの新習慣として、自分の体にしっかり叩き込もう！

1. 膣をしめて、便座にまたがる。
2. 腕を胸の高さに上げてお尻を後ろに突き出し、中腰に。
3. 10回お尻を上下に振ってから用を足します。

Point　重心はかかとです！ 前ももの筋肉を使わずに動かすこと。

1. 肩幅に足を開き、つま先を外に向ける。
2. 膣をしめる。
3. 胸の高さに両腕を上げる。
4. 肛門を後ろの人に見せるイメージでお尻を後ろに突き出し、中腰に。
5. 10回お尻を上下に振る。

Point

重心はかかと。前ももに効いているようなら重心が前にある証拠。前ももが太くなってしまいます。

ヒップに効くながらトレーニング❷

Exercise

絵本読みは、とっておきの尻トレフルコースです！

さらにガツンとお尻を鍛える、とっておきのシーン。私のメソッドの３大要素、〝ほぐす、伸ばす、筋トレ〟のすべてを〝ながら〟で網羅できます。順を追ってやることで筋トレの効果もしっかりと感じられるはず。絵本の最後まで早口にならずに頑張って（笑）。

Step 1

ほぐし

骨盤を支える中殿筋は、座りっぱなしの生活や姿勢などによってコリがたまりやすい部分。そのこわばりを取ることで骨盤や股関節の動きが良くなり、後から行うストレッチや筋トレが効きやすくなります。

① お尻上部のやや外側にボールを置く。

② 上から体重をかけて、ボールをゴロゴロと転がすように。反対側も同様に。左右各90秒。

Point 中殿筋の中でもコリがたまりやすいポイントは、腰骨よりやや下の位置。人によって正確な場所は異なるので、ボールを転がしながら「痛い」と感じる場所を探して。

① ひざの上に反対側の足首をかける。

② ひざの力で押しながらかけた足をゆっくり胸に近づけていきます。左右各90秒。

2 Step ストレッチ

ガチガチになっていた中殿筋が緩んだら、
中殿筋ともも裏のハムストリングを伸ばします。

3 Step 筋トレ

最後はお尻を上げて、絵本を読み終わるまで大殿筋上部の筋トレ。実際やってみるとお尻に痛みを感じるくらいキツイ！ 最後は絵本を読む声がやたらと早口になることウケアイです(笑)。

① 両足の裏をつけ、膣をしめながら股関節を開き、お尻をグッと高く浮かせる。

Point お尻の浮きが中途半端だと、違う筋肉に効いてしまうので注意。
キツくても息を止めず、深い呼吸を。

「TVの1時間ドラマは、理想のトレーニング時間！」

寝たり座ったり自由に体勢が変えられるテレビ中は、最高のくびれ養成タイム！　例えば1時間ドラマの間なら、理想のプロセスで相当な量の〝ながらトレーニング〟をこなすことができるんです。ここでは、私が教室で教えている1時間45分のトレーニング内容をギュッと凝縮。全身を鍛えてくびれに導く、特別バージョンで伝授します。

全体の流れは教室とほぼ同じ。ほぐし⇒ストレッチ⇒筋トレ、ときどきプランク（＝体幹）の順番。ほぐしとストレッチで体を緩める時間をたっぷりとって筋トレに移り、体幹までしっかり鍛えることが理想ですが、フルコースでなくても大丈夫。きっちり効果が出るものを厳選しているので、短い時間で1パーツだけ流れでやってみたり、家事の合間に単体で取り入れるなど、TV以外の時間でも応用してみてくださいね！

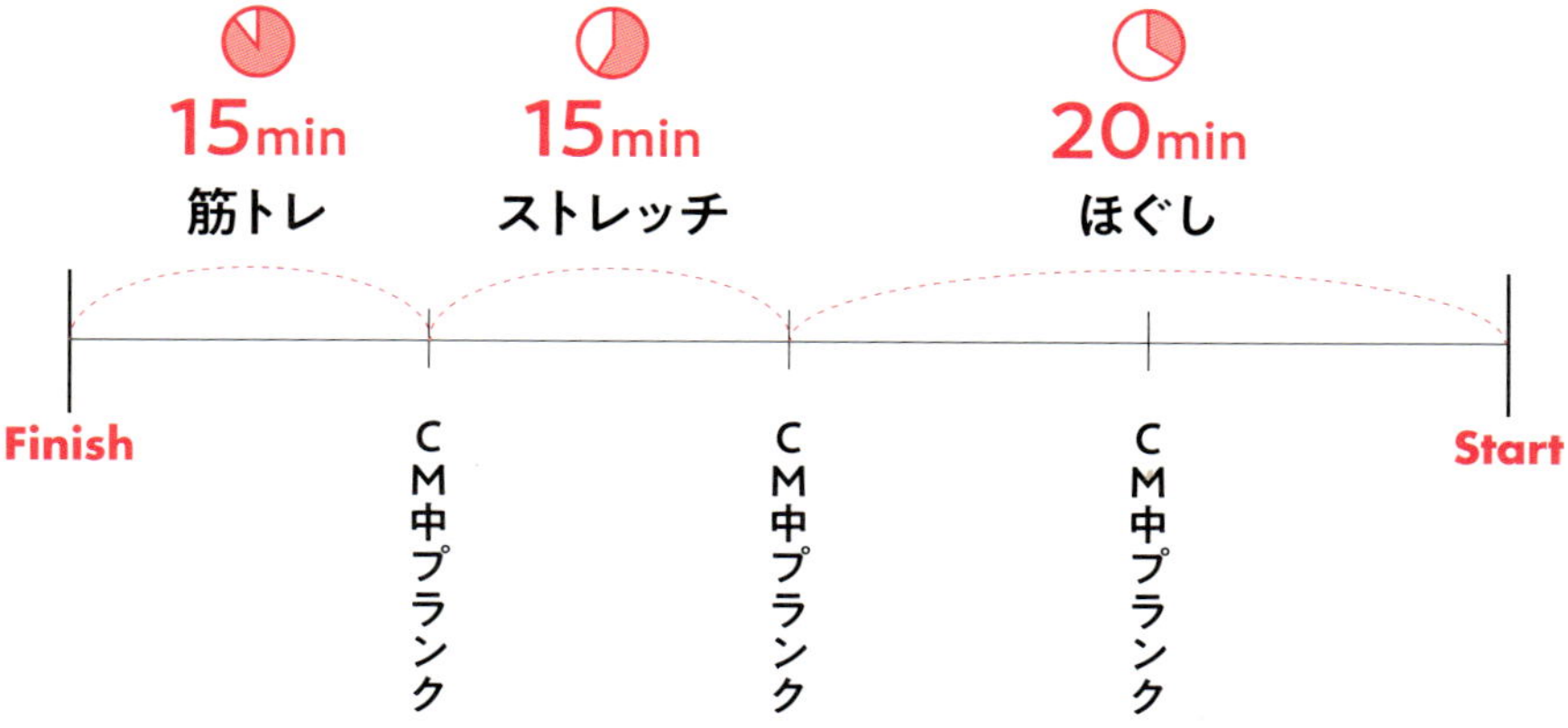

ほぐし
約20分
Exercise for 1h TV

ほぐしに使うのは、トリガーボール。
テニスボールより少し小さめがベストですが、代用も可能！
ポイント付近をゴロゴロさせて痛いところをしっかり捉えて。

Exercise 1 腰

① 腰のくぼみの下にボールを置く。

② 体重をかけながらゴロゴロ転がし、首から腰に走っている脊柱起立筋をほぐす。

Exercise 2 くびれ＆お尻

① ボールを腰のくぼみよりやや外側に置き、腹斜筋を緩める。

② 腰骨の斜め下に置いて中殿筋をほぐす。

Point
腹斜筋がほぐれるとくびれるすき間ができ、中殿筋が緩むと股関節の可動域が広がる。下半身をひねってお尻を浮かせると、ボールに体重がしっかり乗り、ほぐし効果UP。

Point
腰の筋肉のこわばりは反り腰の原因。しっかり緩めて。

Exercise 3 横もも&そけい部

① 太もも外側の上部にボールを置き、横になり大腿筋膜張筋をほぐす。

② うつぶせでひじをつき、骨盤のつけ根(パンツのラインの上)にボールを入れて腸腰筋をほぐす。

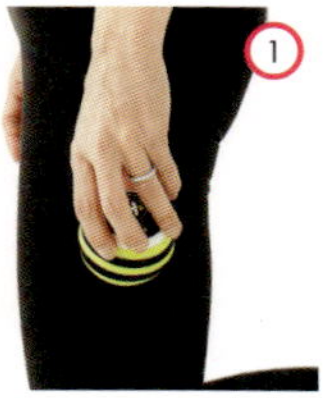

Point

もものの張りをほぐしたり、背骨と骨盤をつなぐ筋肉を緩めることで正しい姿勢が保持しやすくなり、痩せやすい体に。

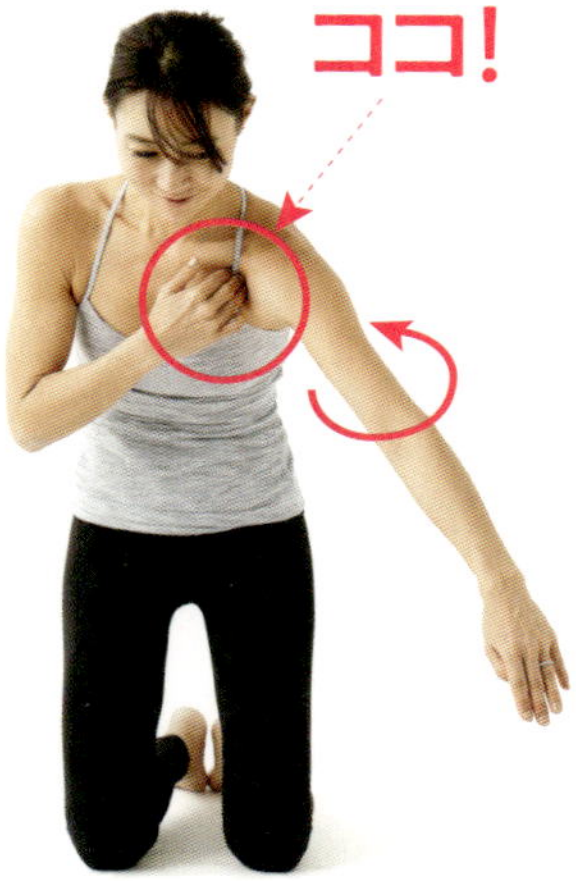

Exercise 4 胸筋

① 人差し指、中指、薬指を鎖骨下のくぼみにグッと深く入れる。

② 腕を外側に向かって回転させる。

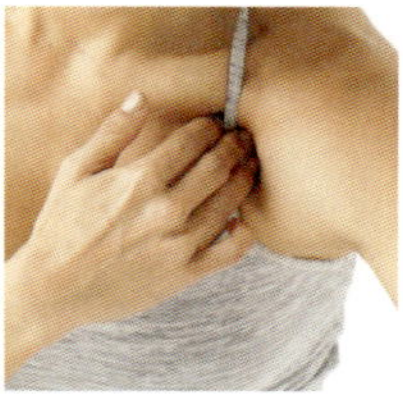

Point

肩甲骨と肋骨をつなぐ小胸筋を緩めることで、猫背や巻き肩が改善。肩甲骨の可動域も広がる。

固く縮んでしまった筋肉を
柔らかくすることで
筋トレが正しい効果を発揮します。

ストレッチ 約15分

Exercise for 1h TV

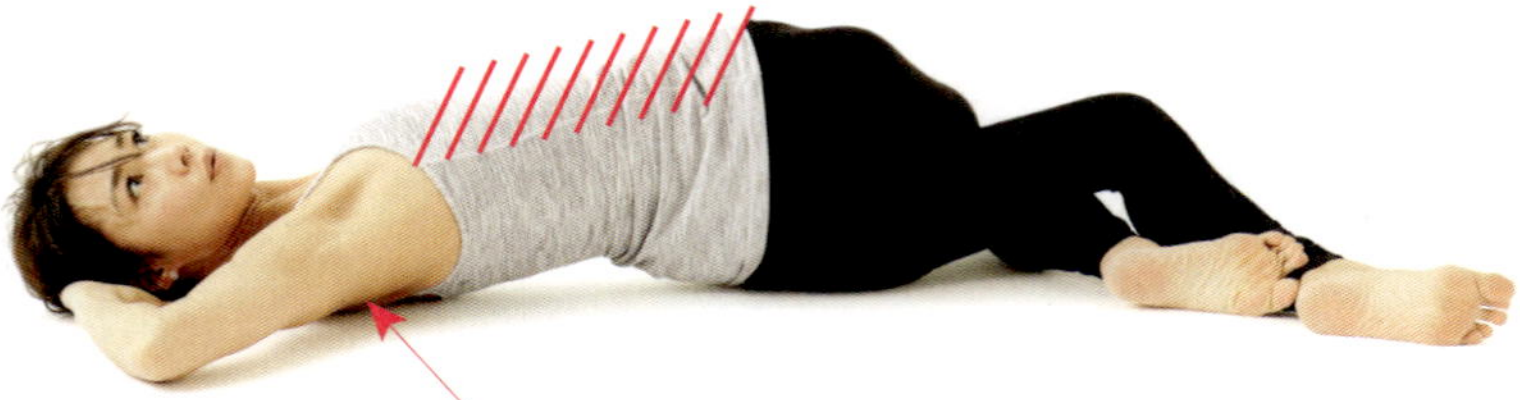

Exercise 5 くびれ

Point 手を上げると、より伸びる。 P.37と同じ。

1. 頭の下に両手を置いて横になる。
2. 足を組んだ状態で真横に倒す。
3. そのまま上半身を足と逆向きにねじり、ゆっくりと息を吐きながら腹斜筋をグーッと伸ばして。目線は上半身と同じ方向に。反対側も同様に。

Point くびれるすき間を作るストレッチです。

Exercise 6 股関節

1. 片足を一歩前に踏み込む。
2. 反対側の足を後ろに引いて腰を落としていく。
3. 股関節が前後に伸びていることを意識しながら、上半身をゆっくり倒して両ひじを床につける。反対側も同様に。

Point ももの裏がガチガチだとひじをつけるのは困難。手首でもOKです。

Exercise 7
お尻＆裏もも

① 横になって片方のひざを曲げ、反対の足をひざにかける。

② ひざを体に寄せ、お尻と太ももを伸ばす。この時、背中が浮かないように注意。反対側も同様に。

Point 中殿筋から裏ももにあるハムストリングスが伸びることを意識して、左のひざを胸に近づけるほどよく伸びます。P.63と同じ

Exercise 8
胸筋

① ひじを90度に曲げて壁に手をつく。

② 上半身をねじって鎖骨下を伸ばしていく。反対側も同様に。

Point

どちらも肩や腕の力で回すと、余計な筋肉がつきます。タオルを持つ幅は広くてもいいから、肩甲骨が動くことを意識し、顔が前に出ないように注意。

① タオルを両手で持つ。

② ひじをしっかり伸ばしたまま、体の前後に大きく円を描く。

数ある中から簡単にできて
効果の高い4種を厳選。
正しく筋肉へ作用しているかを
意識することが大事！

筋トレ
約15分
Exercise for 1h TV

Exercise 9 ウエスト

① 骨盤を後傾させて
ひざを軽く曲げる。

② 息を吐きながら
肋骨を閉める。

③ 組んだ両手を左右に
ゆっくり振りながら、
上半身をひねる。

Point

腕をまっすぐに伸ばし、両ひざをつけること。
手の高さに応じて、効く位置も上下します。P.56と同じ。

Exercise 10 お尻

① 横向きに寝転がり、ひざを曲げて、両足の裏をつける。

② 股関節に意識を向けてひざを開くと、お尻の上部に効きます。

Point

絵本読みでした筋トレの変形版。
もちろんどちらでもOK！

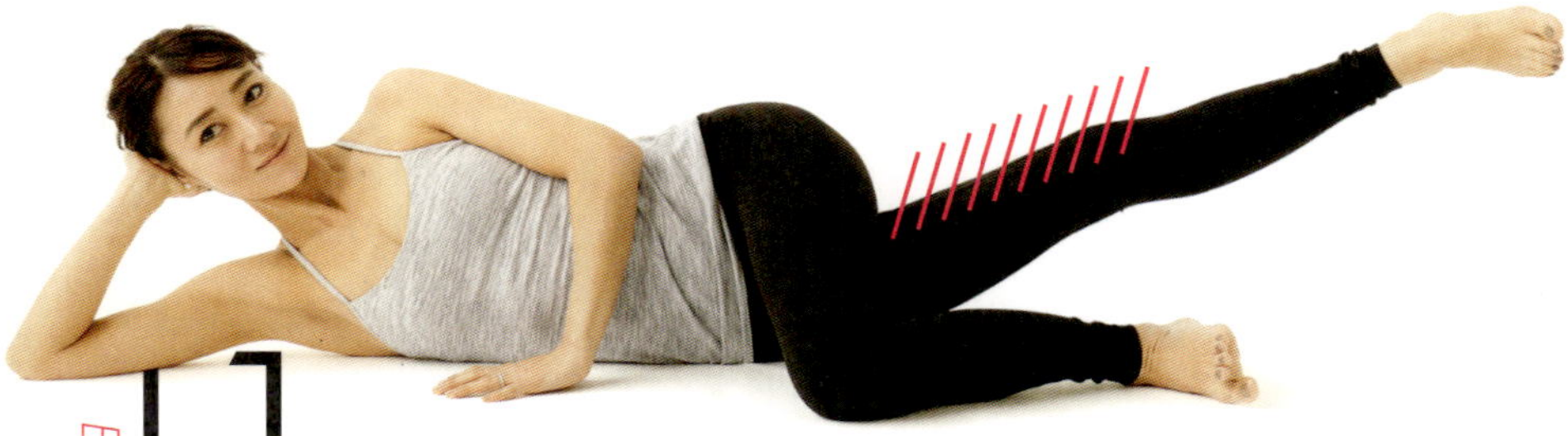

Exercise 11 内もも

1. ひじをついて頭を支え、骨盤が床と垂直になるように横向きに寝る。
2. 上側の足のひざを曲げて床につける。
3. 下側の足をまっすぐに伸ばしたまま、骨盤を動かさないようにゆっくり上下させる。反対側も同様に。

Point 太もも内側の内転筋を意識しながら行うこと。

Exercise 12 二の腕 肩甲骨

1. 両手に500mlのペットボトルを握る。
2. ひじを伸ばしたまま後ろに引いて上下に動かす。

Point

肩を下げ、手先だけでなく肩甲骨からしっかり動かす。腕の後ろ側についている上腕三頭筋が鍛えられ、ほっそりとした二の腕に。

体幹も
かかせない

CM中
プランク
Exercise for 1h TV

ほぐす、伸ばす、筋トレに加えてくびれに必要なのは、体幹。
日常に、ぜひ加えてほしい動きです。
一見、腕で支えているように見えますが、
じつは支えているのは体幹！プルプルするのが腕ではなく、
お腹になれば体幹のついてきた証拠です。

Point
すべて膣をしめた状態で
行うことが大原則です！

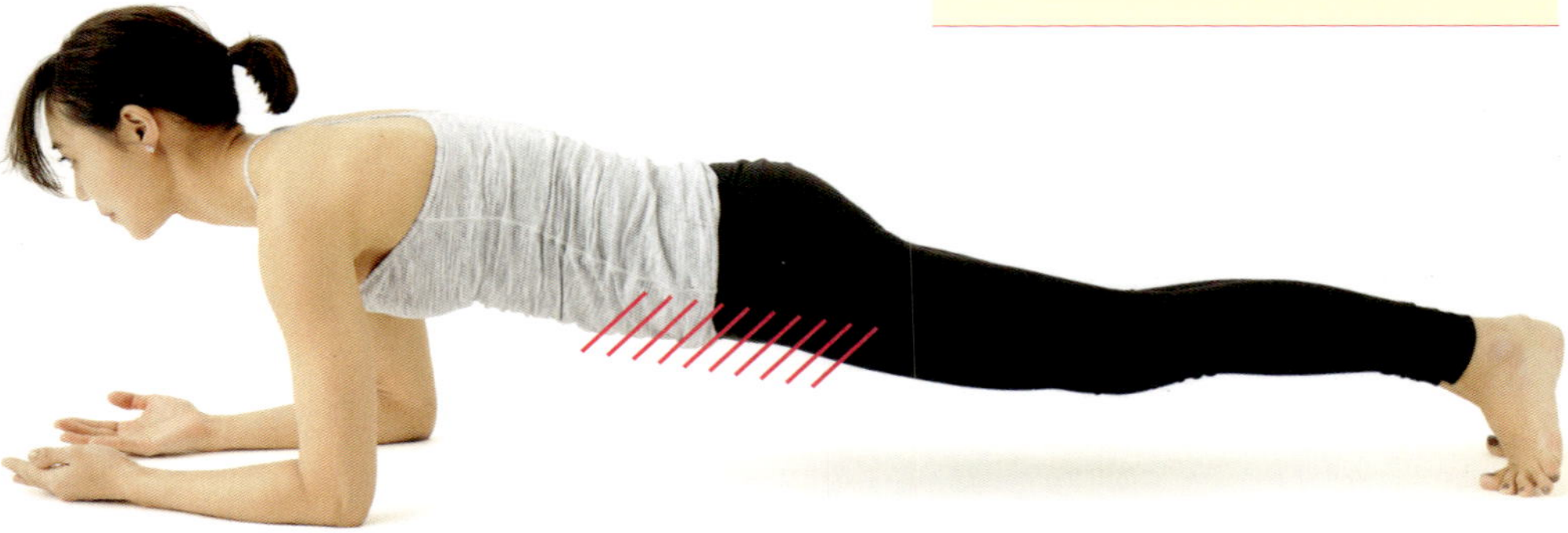

Exercise 13 基本のプランク

1. 膣をしっかりしめる。
2. 腕を肩幅に広げてひじをつき、手のひらを上に向ける。
3. 足を後ろに下げ、背中を一直線にした状態でキープ。
息を吐ききり、下腹を薄くすることを意識して。

Exercise 14 サイドプランク ❶

① 膣をしめ、骨盤が床と垂直になるように横を向く。足は少し斜め前に。

② 片ひじをついて、ゆっくりお尻から下を上げる。

③ 両足を揃え、体がまっすぐな状態で30秒キープ。反対側も同様に。

Exercise 15 サイドプランク ❷

① 横向きになり、膣をしめ、
片ひじをついて上半身を起こす。

② 両足を揃えて30度ほど前に出し、
体を上げた状態で30秒キープ。
反対側も同様に。

今や、空耳で「膣しめて」って聞こえてくるほどすぐに体も意識も変わりました

畑野　通い始めて約3カ月。今までいろいろトレーニングはしてきたけれど、友美《ゆみ》ちゃんに教えてもらうようになってからアウターの筋肉ばかり鍛えていたことに気がついた。それだと体の根本的改善にはならないんだな、と。でも本当にトレーニングは〝ドS〟で(笑)。足がツリそうになって辛くて「もう無理!!」と言っても「無理じゃない」と絶対やめさせてくれない。

村田　(笑)。畑野さんはもちろんホレボレするほどすばらしいバランスだけど、最初は猫背気味の巻き肩だったし、腰痛がひどそうだった。

VERY関係者も証言

「私たち、yumicore メソッドが効いている!」

畑野　そう。座骨神経痛は長年あって、腰のあたりがシクシクする感じでずっと不安を抱えていたの。でも今年は毎年冬にある座骨神経痛がなかった！　これって奇跡。絶対、コアトレのおかげ。

村田　涙が出るほどうれしい。でも畑野さんは、家でも体をほぐすことをきちんとやっているから。

畑野　教えてもらったこと、毎日やってる。友美ちゃんは筋肉の働きを具体的に教えてくれて、こういう動作をすることでこの筋肉が使われるとトレーニングと共に理論的に伝えてくれるから理解しやすいし、家でも意識しやすいの。

村田　畑野さんは本当に真面目で、むしろやりすぎて体を痛めちゃったくらい(笑)。だから体が変わるのも早い。

畑野　日常、ふとした時に「膣しめて！」と友美ちゃんの声が聞こえてくるから緊張感(笑)。断然意識が変わった。教えてもらった〝ながらトレーニング〟も実践していて、運転中は太もの間にお財布を挟んだり、洗い物をする時はコアを使って立ってシンクによりかからないようにしたりしている。

村田　さすが。本当に日常で意識することが大事だから。

畑野　トレーニングって行くのが面倒になることもあるけど、友美ちゃんは「そのお尻のお肉はいりませんよね」とはっきり言うことは言ってくれる。でも「ここを頑張れば、ミランダみたいなお尻になっちゃうから」と盛り上げ上手。私たち一人一人の体を良くしたい、スタイルアップしたいという〝愛〟がビシビシと伝わってくるから、頑張ろうと思えるんだよね。(敬称略)

モデル
畑野ひろ子さん

モデル。2児の母。モデル業のほか、フラワーライフスタイルプロデューサーとして、TVやイベントでも幅広く活躍。夫の元サッカー日本代表の鈴木啓太さんとの仲の良さも多くの読者の憧れ。
https://ameblo.jp/hatano-hiroko/

彼女のスタイルの良さに一目惚れ。憧れのくびれとチャーミングさも魅力です

スタイリスト　亀 恭子さん

インスタでアップされていた先生の水着姿を見て、衝撃。ウエストのくびれっぷりとヒップアップされた小尻、あまりの体の美しさに惚れて先生に習いたい、と始めました。

私は先生の毒舌っぷりが大好き。「ほんとお尻ヤバイよ」と私自身見て見ぬふりをしていた体の現実をはっきり言ってくれるそのSっ気がヤミツキに(笑)。やらなきゃと本気にさせてくれるんです。さらにここの筋肉をほぐして鍛えることがヒップアップにつながるなど、一見、お尻とは関係ない筋肉でもつながっていると初心者の私にもわかりやすく説明してくれるから納得できます。

「昨日、食べすぎちゃった。餃子30個にポテトチップスも！」とお茶目な一面もあっけらかんと見せてくれる姿もまた魅力。見事な女らしいカーヴィボディの先生でも、そんな日だってあるんだと安心しちゃいます。

みんなの辛さと痛みに堪える声以上に、笑顔に包まれるレッスンは、先生の熱意とそんな魅力があるからこそ。まだ始めて２カ月ほどですが、あの毒舌っぷりが恋しくなるのと、先生の女らしいくびれを目指して足繁く通っています。

プロフィール

スタイリストで１児の母。ベーシックなスタイルにトレンドを上手に取り入れた女性らしいスタイリングが亀流。彼女のセンスとサバサバした人柄の魅力にモデルやタレントからも指名がひっきりなし。(Instagram@ kame_kyo)

あからさまな筋肉はつけたくない！インナー重視のメソッドは、まさに求めていたもの

ライター　高橋志津奈さん

体重は増えてないのに「あれ、背中に肉がのっている!? 腕も太くなった!?」。それまでのTシャツ姿と見え方が変わり、40歳直前で体がたるむってこういうことなんだと、愕然としました。でもいわゆる〝筋トレ〟がしたかったわけではない。そんなとき友美ちゃんのうわさを聞きました。

評判通り〝ドS〟先生。トレーニングがキツすぎて、「あと５回なんて無理。お願いだからやめたい」と訴えても却下(笑)。でもトレーニング前後の彼女の整体があるから頑張れる。まさに飴と鞭。彼女は勉強熱心で整体もきちんと学んでいるから、体に精通していて私の腰痛もピタリと当てられました。ほぐしも激痛、トレーニングもキツイですが、私の体をきちんと見て、合ったトレーニングをしてくれるし、何より〝ほめ上手〟。何回もほめるわけではないけれど、ここぞの時に「いい！ 上手くなってる」とテンションを上げてくれるんです。

面倒くさがりで毎日バタバタの私が、続けられているのは、ずっとあった腰痛や不調が解消されたこと、お尻がキュッと上がってきたこと。お尻の上部が筋肉痛になるなんて、はじめての経験でした。体は変わる、ということをすぐに気づかせてくれたから、家での〝ながら〟も頑張れます！

プロフィール

VERYライターで3児の母。TPOに合わせたシンプルで品のいいカジュアルスタイルは、読者やライター仲間からもずっと支持を集めている。著書に『高橋志津奈のCoordinate Book』（ワニブックス）など。（Instagram@shizunan）

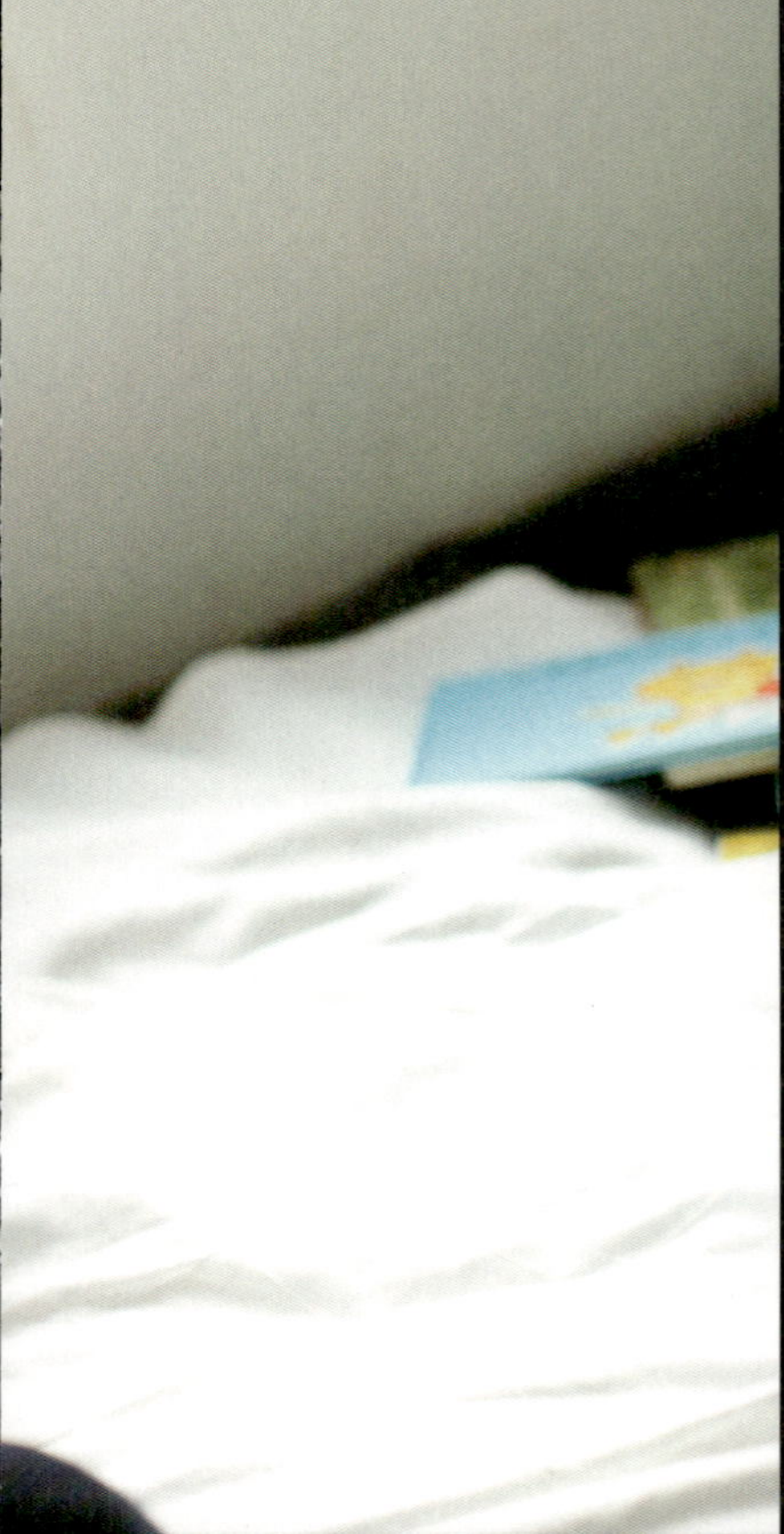

CHAPTER

4

普通の主婦からトレーナーへ

くびれ母ちゃんの、子育てと夢

お母さんが、夢を持つということ

私がコアトレーニングに出会ったのは、今から5年前のこと。まさかその後自分が教える側になるなんて、想像もしていませんでした。資格を取ってなんとなく友人にトレーニングを教え始めたら、友達が友達を呼ぶ形で生徒さんがどんどん増加。1年後にはなんと100人を超えるほどに。予想外のスピードで仕事が拡がっていったので、教えるほどに課題や疑問が続出。生徒さんに指導をしながら、私自身も学んでいく状態でした。体についてより深く学ぶために、整体の勉強を始めたのもちょうどその頃。身体の仕組みを把握してきちんと体を診られるようになったことで、トレーニング内容も大きく変化。ほぐしや呼吸法を重視したくびれメソッドが生まれ、現在に至っています。

たまたま近所に教室があったことから今に辿り着いたわけですが、トレーナーという仕事に出会えたことはすごく幸運でした。私の名前は〝友達が美しい子〟と書いて〝友美子〟。私の性質をよく表しているなと、我ながら思っています。昔から人が変わるお手伝いをするのがとにかく好きだったので、人が痩せて綺麗になるのをサポートできる今の仕事はまさに天職！　末っ子だからか、幼い頃から人を観察して分析するクセがあり、その感覚が人よりも鋭い気もするんですよね。１００人以上いる生徒さんの体形はすべて把握しているし、ぽっちゃりした人はもちろん、モデル体形の人でもどこをどうしたらもっと綺麗になるかがパッと思い浮かぶんです。整体を学んでからは、腰痛などの不調を抱えている人のケアができるようになったことも嬉しくて。とはいえ、人に物事を教えたり、人の体に関わったりするからには大きな責任を伴うのも事実。一見ノリと勢いでやっているように思われがちですが、翌日のクラスのメニューを考えたり、より効果的なメソッド作りのために試行錯誤したりして、夜中まで眠れないことも実はしょっちゅう。難しさを感じる時もあるけれど、自分の得た知識で、人に喜んでもらうことができる。私を必要としてくれる人がいる。それは、自分に対する自信にもなりました。

天職に出会えたと思ってはいても、仕事に対する葛藤はもちろんありました。最初は趣味的な感じで友人に教えていたのに、急に規模が大きくなってしまった。そうなると、必然的に犠牲にすることも出てしまうんですよね。基本的に教室は子供が学校に行っている時間にしているけれど、週末に仕事が入ってしまったり……。夫は自分が経営者ということもあって私の仕事を理解してくれていますが、母や夫の協力が不可欠な状態になっていることが心苦しくて。

専業主婦だった頃は、子供を自分の用事に付き合わせたことは一度もなかった。長男が生まれてから10年近く、必ず土日はどこかに遊びに連れて行って子供のために過ごしてきたんです。なので、上の子たちは楽しい思い出がたくさんあると思うけれど、6歳の末の子はこれからが遊びたい盛り。子供たちが大きくなるまでは趣味の範囲に収めるべきなのかとも考えましたが、しばらく悩んだ末に思ったんです。専業主婦を続けて、子供に寄り添ってあげるのも素敵なこと。でも、お母さんが夢を持って前に突き進む姿を見せることも意味があるんじゃないかって。

「そんなの所詮きれいごと。結局子供よりも自分を選んだんじゃないか」と言われたら、そうなのかもしれない。私は、日々向き合うことが愛情と捉えてきました。でも、悩みに悩んだ末、私は子供に自分が生きる姿を見せようと決めたんです。

私の意思は子供たちにはまだ伝わっていないと思うし、もし伝わるとしたらきっと彼らが大人になってから。実際に今どう感じているかはわからないけれど、長男は私がパーソナルトレーニングの指導をしているのを見て「ママってすごいよね」と言うことも。10歳になる娘も、学校で友達から「ママかっこいいね」と言われて嬉しかったみたい(笑)。自分も将来仕事がしたいと思っているらしく、「仕事をするのはいいことだと思うよ」って言ってくれているのですごく心強いですね。

そしてここまで続けてこられたのは、やっぱり周りのサポートがあってこそ。母や夫、そして3人の子供を通じて出会えた、たくさんのママ友たち。困った時にみんなが快く手を貸してくれたから、今の私があります。だからこそ、私も人の力になっていきたいと思っています。

子供にとっていい母って……!? 答えはずっと模索中

仕事をすることで生き方や自分については自信が持てたけれど、母親業に関しては今もまったく自信なし。完璧な母親にはほど遠い状態です(笑)。長男を出産したのは28歳の時で、その後30歳で長女、35歳で次男が生まれて3人兄妹に。私自身も歳の離れた兄が2人いて、ケンカもしたけど毎日ものすごく楽しかった。それもあって、子供の頃から絶対に自分も3人産みたいと思っていたんですよね。

両親はとても愛情深く、特に末の娘だった私はかなり甘やかされて育ちました。相当ワガママでした(笑)。だから自分の子供は甘やかさず自立した子に育てようと思ってはいるものの、やっぱり私も親と同じで子供に対してやりすぎちゃう面があるんですね。ちょっとでも雨が降れば迎えに行くし、自分で決断させなきゃと思ってもつい先回りしてフォローする。結局、子育てって自分が育てられたようにしかできないのかもしれないですね。


特に長男に関しては、事情もあってどうしても甘やかしてしまいがちでした。彼が2歳の頃に腎臓の病気を発症したんです。ある日突然顔がパンパンにむくみ、おしっこが出なくなってしまって。異変に気づき、病院に連れて行ったら即入院。そこから3カ月、出してもらえませんでした。その頃私はお腹に9カ月の赤ちゃんがいて、それと同時に父が末期がんで入院。昼間は子供の病院に行き、夜は実家で父の看護をするという生活を繰り返すうちに私自身も倒れてしまい、子供と同じ病院で点滴を受けたことも……。とにかく毎日がいっぱいいっぱいで、その3カ月の入院期間は私にとってもトラウマになりました。

特に辛かったのは、治療のために息子に何も食べさせてあげられなかったこと。薬の副作用ですごくお腹が減るのに、食事は禁止。氷を食べさせたり歯磨き粉をなめさせたりと試行錯誤はしたけれど、まだ2歳だったので我慢させるのにも限界が。食べたがって泣く姿を見るのがとても辛くて……。その時のあまりの可哀想さに、退院後はめちゃくちゃに甘やかしちゃったんです。やりたいことは全部やらせて、欲しがるものは全部買い与えて。彼が希望することをすべて叶えてしまったことで、親子のルールがうまく形成できなかった部分も。後悔する気持ちもあるけれど、当時の私にはそうすることしかできなかったんですよね。

長男の病気は難病指定されているもので、完全に治るかどうかはまだわかっていません。何が原因になるのか不明なまま何度も再発を繰り返し、今も定期的に薬を飲んでいます。本人は「なんで僕はこの病気なの?」と言う時もあれば、「将来小児科医になって、病気の子供を元気づけたい」なんて言うことも。自分なりに受け止めようとはしているけれど、薬を飲むと副作用で顔がむくむので、思春期の彼にはそれが辛い時もあるようです。親としては、健康な体で産んであげていればと申し訳なく思う気持ちは当然あるし、代われるものなら代わってあげたい。でも、どうすることもできない。そのもどかしさもあって、ついやりすぎてしまうのかもしれません。

甘やかしてしまった一方で、ちゃんと子供に向き合えていない部分も多々あります。私自身、かなりせっかちな性分なので、ゆっくり話を聞かずに流してしまうことも多いし、自立を願いながらも子供との関係に悩むこともしょっちゅう。上の子たちが大きくなってきて、口だけじゃいうことを聞かせられなくなってからはさらに苦戦。態度にイラだって、〝子供に言ってはいけない禁止ワード〟をつい口走ってしまうことも正直あります。甘やかすだけ甘やかして、突然厳しくして。子供からするといい迷惑ですよね(笑)。

たぶん私、どこかでまともな親を演じなきゃと思っているんでしょうね。本来のやんちゃな自分は子供の言い分を「わかるわかる」と思っているのに、子供に対しては「そんなのダメ」と親ぶる(笑)。それが彼らにはバレているのかも？　小さいうちはそれが通じても、だんだん通用しなくなってきて「ママ、この前言ってたことと違くない？」と正論を言われて逆ギレしちゃったり。恥ずかしいですね(笑)。これじゃダメだと教育関係の講演会に通ったりもするけれど、心を入れ替えているのはほんの数時間。翌日にはすっかり元通りになっているという……。

人生はどこで伸びるのかわからない、子供も、私も

子育てについて話すならもっといいことを言わなきゃいけないのに、こんな話ばかりですみません（笑）。とにかく親としてはまだまだ未完成だけれど、以前に比べて少しだけ良くなった部分も。それは、自分が社会性を得たことで、子供の人生を俯瞰で見られるようになったこと。

以前は習い事がどうとか目先のことで悩んでいたけれど、今は彼らが大人になった時に何が必要なのかを考えるように。何より自分に目標ができたことで、子供に対する発言の内容が変わりました。私自身が前を見て進んでいるから、かける言葉も自然とポジティブになるんですよね。目の前のことを追っていると無駄なことを考えがちだけど、目標があることで視野が広がる。「私は40歳でチャンスが来たんだから、人生はどこで伸びるのかわからないよ」とことあるごとに話しています。

先日長男は中学受験をしたのですが、合格したのは第2志望の学校。いちばん行きたかった学校はダメでした。でも彼は私に「小児科医になる夢があるから、大学受験で頑張る」と言ったんです。第1志望に行けなかったことでもっと頑張りたくなった、中学受験をして良かったって。敗北感を持つのではなく、前を向いているんですよね。それを聞いて、受験をさせて良かったと私も思ったし、失敗したことも良かったんだと思えたんです。

子供たちに話しているように、人生はどこで伸びるのかはわからないもの。彼にとって納得がいく結果ではなかったのかもしれないけれど、中学受験が夢なわけではなくて医者になることが夢なんだと理解できれば、この経験は何の痛手でもない。むしろ、悔しい気持ちは彼にとって糧になったと、長男の言葉が改めてそう思わせてくれました。

今回の受験で長男の成長を感じ、小児科医という夢を彼に与えてくれた病気に対してもようやく前向きに捉えられるように。2歳で発症して以降、長男は何度となく病院に通ってきました。自分だけではなくいろんな病気を抱えている子供たちを見てきたことで、彼の中で感じるものがあったと思うんです。そんな状況の中で、自分たちを元気づけ、命を救ってくれるお医者さんの存在や言葉は精神安定剤のようなものだったはず。その人のようになりたいという夢を小さな頃から持つことができたのは、本当に素晴らしいこと。病気を抱えることはすごく大変だけど、うちの家族の場合はそれによって得たものも大きかったと思います。

長男の病気にも意味があったと受け止められるようになったのは、私にとって大きな救いになりました。やっぱり子供が病気になるのって、自分が病気になる以上に辛いんです。病院に付き添うたびに、そばにいることしかできないことにどんよりした気持ちになって、当時は本当にしんどかった。でも、なにげないことに幸せを感じてそれを深くかみしめることができるのは、この経験があったからこそ。結果的に自分の成長につながったと今は感じています。

長々とお話ししてきましたが、子育てに関しては今も試行錯誤のまっただなか。日々をこなすのに精一杯で、語るような哲学なんて特にないんです。これから成長していく子供たちに唯一何かを願うとしたら、〝人に優しい子であってほしい〟ということ。そもそもうちの子たちは、みんな心が優しいんですよ。それはきっと、夫が優しい性格だから。夫が仏のように寛容なせいで、私が鬼のように厳しくしないといけなくなるのには腹が立つんですけどね(笑)。大のパパっ子である長男も本来すごくいい子なのですが、受験前のナーバスな時期は母子の信頼関係がガタガタになったことも。でもすべてを終えて不安やストレスがなくなった今は、彼の気持ちも安定。むしろ前よりもいい関係になりました。小さいうちから目標を持つことができている長男が親として誇らしいし、羨ましくもあります。実際になれるかどうかはわからないとしても、目標が見えていると人は強くなれるから。下の子たちも彼のように、いつか夢を持ってくれたら嬉しいですね。

子育てはマニュアル通りになんていかないし、それ以前に私自身の親としての姿勢は未だブレブレ(笑)。でも、リアルな姿を見せることも子供にとって意味があると思っているんです。母親業としては足りない部分もあるけれど、一生懸命やりたいことに向き合う姿を見せることはできる。無理して親ぶってみせるより、その方がきっといい。仕事を通じてぶれない生き方を見つけ、子供たちがそこから何かを得てくれればと思っています。

何枚も撮影した中にこんなカットも。人生何が起こるかわかりません(笑)。

エピローグ

子供の頃の夢は、「歌手」と「お医者さん」。まったく別の職業だけれど、目的はどちらも同じ。自分の能力で人を元気にできる人間になりたかったんです。でも、そんな才能はないと諦めていました。他に目標が見つからないまま、なんとなく就職し、ＯＬをしていた頃は、ライターとして忙しそうに働いている友人がすごく羨ましくて「一生懸命になれることがあっていいな〜」ってよく言っていました。先日、その友人に「やりたいことが見つかって良かったね」と言われ、その頃を思い出しました。子育てで忙しくなってからは、そんな自分がいたことすら忘れていたんですよね。

それが今は、ふとしたことをきっかけにトレーナーになり、ボディラインの悩みを改善したり、体の不調を治すことが仕事になりました。長い間痛めていた夫の肩を、１分で治せるようになり、ずっと願っていた〝人を元気にすること〟が、少しだけできるようになったんです。痩せてキレイになった姿を見ることや、体が楽になったとお礼を言ってもらえることは、私にとってこの上ない喜び。ちょっとでも人から必要とされているのが嬉しいし、勉強して人に喜んでもらえる能力が身についたことで、人生で初めて、自分に自信が持てるようになりました。毎日が充実していて、心から幸せと感じています。

私のような人って、じつは多いと思うんです。体なんてそう簡単に変えられないと、諦めてしまう人。やりたいことが見つからなくて、焦ったり、悩んだり……。でもね、私は40歳にして生涯で今が一番良いスタイルになり、目標も見つかった。生徒さんの中にも、30代、40代になって自分史上ベストな体形を手に入れた方がたくさんいます。よく成功した人が「何歳でも遅くない」と言うのを聞いて「それはあなただからでしょ」と思っていたけれど、私にも、生徒さんにも変化が訪れた。人生どこで変わるか本当にわからないということは、私が身をもって証明します！

仕事を始めてからは、しばらくがむしゃらに突っ走ってきましたが、最近になってようやく今後の展開を考えられるようになりました。私が主宰している教室には、現在4名のトレーナーと、勉強中の生徒が4名います。そのほとんどは子供を持つ専業主婦。一度家庭に入っても、子育てと両立しながらできる〝手に職〟の仕事ですから、彼女たちにこれからどんどん活躍していってほしいです。今はまだトレーナー用の講座で手一杯ですが、いずれは整体の資格も取得できるような学校も作りたいと考えています。隣に住んでいるお年寄りの体を見てあげられる人がたくさん増える……なんて、いいですよね！
仕事もダイエットも、何かを始めようとした時には、時間、体力、金銭的にもある程度のリスクはあります。生活が変わることもそう。でも、今、後悔している部分があるかと聞かれれば、ゼロ。昔から、私のモットーは「やらないより、やれ」。何者でもない普通の主婦だった私だって、一歩踏み出したことで人生を変えられるのだから。その一歩をこれから踏み出そうとしているママたちの、体と心をサポートしていくことが、これからの私の夢です。

村田友美子

教室のトレーナーたちと